C·H·Beck
PAPERBACK

THOMAS PIKETTY

RASSISMUS *messen* DISKRIMINIERUNG *bekämpfen*

Aus dem Französischen von
Stefan Lorenzer

C.H.BECK

Titel der französischen Originalausgabe: «Mesurer le racisme, vaincre les discriminations»
Erschienen 2022 im Verlag Éditions du Seuil

Originalausgabe

www.chbeck.de
Umschlaggestaltung: Konstanze Berner, München
Satz: C.H.Beck.Media.Solutions, Nördlingen
Druck und Bindung: Pustet, Regensburg
Gedruckt auf säurefreiem und alterungsbeständigem Papier
Printed in Germany
ISBN 978 3 406 78875 8

myclimate

klimaneutral produziert
www.chbeck.de/nachhaltig

Inhalt

Überall Identität und nirgends Gerechtigkeit

Ob in Europa oder den Vereinigten Staaten, in Indien oder Brasilien – immer häufiger kippt die politische Debatte in Identitätshysterie und Herkunftsbesessenheit um. In Frankreich schüren neue rechte und rechtsextreme Volkstribune unermüdlich den Hass auf Migranten und die Angst vor dem «Großen Austausch», um dabei ganz nebenbei zu vergessen, dass dieses Land sich seit Jahrhunderten auf Durchmischungen aller Art gründet. Manche können sich offenbar noch immer nicht mit der Tatsache abfinden, dass die französische Bevölkerung heute zu 7% bis 8% aus Menschen muslimischen Glaubens besteht.[1] Vor fünfzig Jahren waren es noch weniger als 1%. Auch wenn jede Fremdenfeindlichkeit ihre kontextspezifischen Besonderheiten hat, lässt doch die Vehemenz, mit der sie heute zuweilen auftritt, unweigerlich an die Hassrede denken, die sich in der Zwischenkriegszeit des letzten Jahrhunderts gegen jüdische und osteuropäische Migranten richtete. Gepaart mit der verzerrten Wahrnehmung einer Minderheit, die man bezichtigt, alle Vorrechte zu genießen und den Einheimischen ihre Arbeitsplätze und ihren Lohn wegzunehmen, nährt die radikale Ablehnung jeder Vielfalt der Herkünfte und religiösen, kulturellen oder die Kleidung betreffenden Traditionen eine Fantasievorstellung vom Nationalstaat und der vermeintlich homogenen Herkunft seiner Bürger. All das weckt ein heftiges Verlangen nach Vertreibung, nach «Säuberung» des Gesellschaftskörpers von unerwünschten Gruppen, einen wahren Zerstörungseifer, der heute so beunruhigend ist wie gestern.

Das Besondere an der gegenwärtigen Situation gegenüber den Erfahrungen der Vergangenheit liegt darin, dass die Hassverbreiter von heute sich auf die begründete Angst vor dem dschihadistischen Terror stützen können, um Millionen von Menschen zu stigmatisieren, die nichts mit ihm zu tun haben. Nach dem Schrecken und dem Trauma der Anschläge von 2015–2016 und der Enthauptung von Samuel Paty 2020 wollte jeder wissen, wie es dazu kommen konnte und wer die Schuldigen sind. Die zynischsten unter den politisch Verantwortlichen kamen auf den genialen Gedanken, nicht nur jeden Forscher, der sich für Diskriminierungsfragen oder die Geschichte des Kolonialismus interessiert, der Komplizenschaft mit den Terroristen zu verdächtigen, sondern auch alle Menschen muslimischen Glaubens, die halal einkaufen, am Strand Leggins oder beim Schulausflug auf der Straße Kopftuch tragen. In einer Situation, in der alle fest vereint hinter dem Rechtssystem, der Polizei und den Aufklärungsorganen stehen sollten, um der Ultraminorität der Terroristen die Stirn zu bieten, sind solche unlauteren Unterstellungen völlig unangebracht. Die Logik des Generalverdachts führt bloß zu verhärteten Fronten und dazu, dass keiner dem anderen mehr zuhört. Der dschihadistische Terror grassiert in Nigeria, in der Sahelzone, im Irak, auf den Philippinen. Will man allen Ernstes bei jedem Anschlag amerikanische oder französische Intellektuelle unter Verdacht stellen? Oder ganz normale Muslime, die oft genug die ersten Leidtragenden sind? All das ist albern und gefährlich. Statt angesichts neuartiger und komplexer sozialhistorischer Prozesse die kollektive Intelligenz zu mobilisieren, um sie zu verstehen – und nichts anderes tun Soziologen,

Politologen, Ökonomen… –, richtet man sich in einer kurzsichtigen Sündenbocklogik ein.

In Indien bedienen sich die Hindu-Nationalisten der BJP (Bharatiya Janata Party) seit Jahren dieser Strategie einer extrem gewaltsamen Stigmatisierung der muslimischen Minderheit und der für sie eintretenden Intellektuellen (die von den Hassverbreitern als «antipatriotisch» gebrandmarkt werden), um an die Macht zu kommen und an der Macht zu bleiben, wobei Ausschreitungen, Pogrome und die Aberkennung der Staatsbürgerschaft an der Tagesordnung sind. Die migrantenfeindliche und antimuslimische Rechte Europas reproduziert diese Strategie im Grunde nur. Leider hat die derzeitige französische Regierung, die eine der Mitte zu sein behauptet, in den letzten Jahren dazu beigetragen, die widerwärtige Rhetorik vom «linksislamistischen Krebsgeschwür an der Universität» salonfähig zu machen. Von der extremen Rechten aufgebracht, wurde diese abscheuliche Ausdrucksweise von einer Partei übernommen, deren Wähler und Gewählte doch zum Teil aus der linken Mitte kommen. Sie hat damit den derzeitigen Rechtsruck, als dessen Gegenmittel sie sich empfiehlt, massiv befördert: Der Brandstifter spielt den Feuerwehrmann.

Zum Glück gibt es eine große Mehrheit von Bürgern, die sich in dieser rechtslastigen Hysterie und diesem Zynismus nicht wiedererkennt. Sie sind auf viele Parteien und Kandidaten verteilt, sie kommen von allen politischen Ufern und flüchten sich oft in die Stimmenthaltung, aber sie spüren durchaus, dass die derzeitige Identitätsbesessenheit nichts Gutes verheißt und zur Lösung keines einzigen der sozialen und wirtschaftlichen Probleme beiträgt, vor denen wir stehen. Genau das nämlich zählt zu den perversesten Effekten dieser Rechtsextremisierung der politischen Debatte: Alle Welt spricht von Identität, aber kein Mensch spricht von der Sozial-, Wirtschafts- und Antidiskriminierungspolitik, die wir für unser Zusammenleben brauchen und die umso mehr nach eingehenden und unaufgeregten Debatten verlangt, als die Herausforderungen neuartig und die Fragen, vor die sie uns stellen, offen sind. Ob es um den Zugang zu Bildung, Beschäftigung oder Wohnraum, zu Sicherheit, Respekt und Würde geht – die herkunftsbezogene Ungerechtigkeit ist so himmelschreiend wie noch nie zuvor. Und doch wurde noch nie so wenig wie heute über Gerechtigkeit, über gleiche Rechte und darüber gesprochen, wie Rassismus sich messen und Diskriminierung sich bekämpfen lässt. An alle Bürger, die sich mit dieser Lage der Dinge nicht abfinden wollen, richtet sich dieser Text.

Ein universalistisches Modell des Kampfes gegen Diskriminierung

Um es gleich vorauszuschicken: Ein perfektes Modell des Kampfes gegen Rassismus und Diskriminierungen hat noch kein Land, keine Gesellschaft erfunden, und niemand sollte sich berufen fühlen, die Nachbarn oder den Rest der Welt in diesen Fragen zu belehren. Die Vorstellung, ein bestehendes nationales Modell einfach fortschreiben oder umgekehrt das in einem anderen Land praktizierte System einfach importieren zu können, ist illusorisch und falsch. Angesichts derart komplexer Fragen sollte man demütig bleiben und sich sorgfältig vor Augen führen, welche Lehren sich aus den Erfahrungen anderer ziehen lassen. Tatsächlich liegt die wahre Herausforderung darin, ein neues französisches und europäisches, transnationales, universalistisches Modell des Kampfs gegen Diskriminierungen zu erfinden. Ein Modell, das die Antidiskriminierungspolitik in den allgemeineren Rahmen einer egalitaristischen und universalistischen Sozial- und Wirtschaftspolitik einbettet, aber zugleich anerkennt, dass Rassismus und Diskriminierung ein Faktum sind. Und ein Modell, das in der Lage ist, sie zu messen und zu korrigieren, ohne darum die vielfältigen, sich immer wieder neu definierenden und rekonstruierenden Identitäten zu verhärten.

Beginnen wir mit dem ersten Punkt: Um für wirkliche Rechts- und Chancengleichheit ungeachtet jeder Herkunft einzutreten, muss man zunächst die soziale Gleichheit im Allgemeinen stärken, ob es um Zugang zu Bildung und Gesundheit, zu Wohnraum und öffentlichen Diensten, um Verringerung von Einkommens- und Vermögensunterschieden oder um Ausweitung der verschiedenen Formen der Teilhabe am bürgerlichen, gesellschaftlichen und wirtschaftlichen Leben geht. Um die Ungleichheiten abzubauen, die mit den verschiedenartigen ethnisch-«rassischen» und nationalen Herkünften verknüpft sind, ist es ganz unerlässlich, der Ungleichheit zwischen gesellschaftlichen

Klassen überhaupt entgegenzutreten. Gewiss reicht in Anbetracht der Tatsache, dass es Diskriminierungen gibt, denen man kraft einer bestimmten Herkunft ausgesetzt ist, eine allgemeine Politik des Abbaus sozialer Ungleichheiten nicht aus und muss durch eine spezifische Antidiskriminierungspolitik ergänzt werden. Dennoch ist es aus einer ganzen Reihe von Gründen unverzichtbar, diese Politik in einen umfassenderen Kampf für soziale und ökonomische Gerechtigkeit einzubinden. Zunächst einmal sind Menschen mit Migrationshintergrund oder aus anderen diskriminierten Gruppen in den Unterschichten im Allgemeinen überrepräsentiert. Sie profitieren daher auch als Erste von universalistischen Politiken, die für den allgemeinen Abbau sozialer Ungleichheiten und die Verbesserung der Lebensumstände der am wenigsten Begünstigten eintreten. Oft genug sind es diese Politiken, die zu den wichtigsten konkreten Verbesserungen des alltäglichen Lebens und der materiellen Lebensbedingungen führen.

Ebenso entscheidend ist es, sich von einem ausschließlich «kulturellen» Verständnis von Rassismus und Fremdenfeindlichkeit zu verabschieden und von Anfang an auf der Tatsache zu beharren, dass die vielfältigen xenophoben Konstruktionen, Diskurse und Vorstellungen, die wir aus der Geschichte kennen, stets in einen spezifischen sozio-ökonomischen Kontext eingebettet sind, in dem unterschiedliche soziale Gruppen um Beschäftigung und Löhne, um Stellungen und Vorteile, um Anerkennung und Würde konkurrieren. Der Rassismus ist ein *fait social total*, eine totale soziale Tatsache, die von wirtschaftlicher Ungerechtigkeit und den Wahrnehmungen dieser Ungerechtigkeit zehrt; er darf nie naturalisiert oder essentialisiert werden. Ohne ein umfassendes Vorgehen, das durch allgemeine Verringerung der Wohlstands- und Statusunterschiede auf sozio-ökonomische Gerechtigkeit zielt, kann es keine wirkliche *Race*-Gerechtigkeit geben, und das umso weniger, als man andernfalls die Spaltungen innerhalb der Unterschichten befördert. Sagen wir es deutlich: Die verschiedenen Spielarten der identitären Abschottung, die seit einigen Jahrzehnten in vielen Teilen der Welt um sich greift, sind zu einem großen Teil die Folge eines Verzichts auf jeden Anspruch einer egalitär und universalistisch angelegten Veränderung des Wirtschaftssystems, der zur Verschärfung des Wettbewerbs innerhalb der gesellschaftlichen Klassen beigetragen hat.

Zu unterstreichen ist auch, wie unauflöslich die historische Entwicklung der «Rasse»-Kategorien mit bestimmten Darstellungs- und Legitimationsformen der Ungleichheit zwischen sozialen Klassen verschränkt ist. Ob es sich um die dem Adel und dem Dritten Stand im Ancien Régime zugeschriebene fränkische und gallische Herkunft handelt oder um das vom Mittelalter bis zur Gegenwart fortbestehende Verhältnis anglonormannischer Herren zu irischen Bauern auf den Britischen Inseln oder um die Beziehungen zwischen katholischen, jüdischen und muslimischen Bevölkerungsgruppen während der spanischen Reconquista – das «Rasse»-Vokabular und die «rassischen» oder sozial-«rassischen» Kategorien waren stets rasch bei der Hand, um Machtverhältnisse unter sozialen Gruppen darzustellen und zu strukturieren. Die neuen Kategorien, die dann im Rahmen der Begegnung mit den Indigenen, des atlantischen Sklavenhandels und der modernen Kolonialreiche aufkommen sollten, haben gewiss besonders starre, auf den Legitimationsbedarf der Sklavenhalter und Kolonialherren zugeschnittene binäre Formen angenommen (schwarz/weiß, europäisch/nichteuropäisch), Kategorien, denen wir teilweise noch immer verhaftet sind, die aber in ihrer Komplexität und Formbarkeit nur verstanden werden können, wenn man sie aus einer umfassenderen Perspektive betrachtet.[2] *Race*-Kategorien sind, anders gesagt, stets sozial-ethnische Begriffe, die sich der Zuschreibung von

Genealogien und Temperamenten bedienen, um Beziehungen zwischen sozialen Gruppen und soziale Ungleichheit überhaupt zu strukturieren. Sie müssen als solche verstanden werden, um besser überwunden werden zu können.

Die Scheinheiligkeit der «positiven Diskriminierung»

Wenn es unabdingbar ist, den Kampf gegen Diskriminierung in den umfassenderen Rahmen eines Kampfs für soziale und ökonomische Gleichheit einzubetten, dann auch, weil die Antidiskriminierungsrhetorik mitunter dafür genutzt wurde, den Verzicht auf jede ambitionierte egalitäre Politik zu maskieren. Nehmen wir das Beispiel der Bildung. Im Bildungsbereich brauchen wir wie in vielen anderen Bereichen qualitativ hochwertige öffentliche Dienstleistungen, die allen offenstehen, auf der Grundlage gleicher Rechte und völliger Transparenz darüber, wem welche Mittel zugutekommen. Was wir haben, ist aber eine atemberaubende

Scheinheiligkeit. In zahlreichen Ländern rühmen sich die Regierungen, Vorkehrungen getroffen zu haben, um «denen mehr zu geben, die weniger haben», das heißt den am stärksten benachteiligten Schulen und Bildungseinrichtungen zusätzliche Mittel zuzuteilen (man spricht manchmal von einer «positiven Diskriminierung», in diesem Fall aufgrund sozialer und territorialer Kriterien). Das Problem ist nur: Sobald man anhand konkreter Daten prüft, ob dies auch tatsächlich geschieht, stellt sich häufig heraus, dass es sich genau umgekehrt verhält.

Sieht man sich zum Beispiel die staatlichen Collèges, also Schulen der Sekundarstufe I, im Raum Paris an, so fällt auf, dass der Anteil der angestellten (schlechter als beamtete ausgebildeten und bezahlten) oder unerfahrenen Lehrer in den wohlhabendsten Départements (Paris, Hauts-de-Seine) bei kaum 10% liegt, in den am stärksten benachteiligten Départements dagegen (Seine-Saint-Denis, Val-de-Marne) auf 50% steigt. Untersuchungen, die Asma Benhenda anhand von Lohnabrechnungen des Bildungsministeriums durchgeführt hat, haben jüngst offengelegt, wie massiv das System in die falsche Richtung läuft. Berechnet man unter Berücksichtigung der mageren Zulagen, die in den «Prioritätszonen» gezahlt werden, und aller anderen (vom Alter, dem Abschluss, dem Angestellten- oder Beamtenstatus etc. abhängigen) Bestandteile der Vergütung das Durchschnittsgehalt der Lehrer in den verschiedenen Grund- und Sekundarschulen auf nationaler Ebene, so stellt sich heraus, dass die Durchschnittsvergütung umso höher ausfällt, je größer der Prozentsatz sozial privilegierter Schüler in der betreffenden Einrichtung ist.

Im Collège liegt das durchschnittliche Monatsgehalt eines Lehrers (einschließlich aller Zulagen) unter 2400 Euro in den 10% der Schulen mit dem geringsten Prozentsatz sozial privilegierter Schüler, um dann stetig bis auf 2800 Euro in den 10% an der Spitze zu steigen. In den Lycées, also der Sekundarstufe II, steigt das Monatsgehalt von 2700 Euro in den am wenigsten privilegierten 10% der Schulen auf fast 3200 Euro in den am stärksten privilegierten 10%.[3] So sieht die Realität in den meisten OECD-Ländern aus: Schüler aus privilegierten sozialen Milieus haben bessere Chancen, vor beamteten und erfahrenen Lehrkräften zu sitzen, als die aus benachteiligten Milieus, die es häufiger mit Aushilfskräften oder angestellten Lehrern zu tun haben, und um diese systemische Ungleichheit auszugleichen, reichen die mageren Zulagen im Allgemeinen nicht aus.[4]

Die wahre Herausforderung liegt in der Praxis nicht darin, wie man hier sieht, für positive Diskriminierung zu sorgen, sondern schlicht und einfach negative zu vermeiden: Faktisch werden in Primar- wie Sekundarschulen für privilegiertere Schüler mehr Mittel als für andere bereitgestellt.[5] Dabei wäre es theoretisch gar nicht so schwer, die Höhe der Zulagen wie Regeln der Zuordnung und Vergütung von Lehrkräften so zu justieren, dass unter keinen Umständen das Durchschnittsgehalt proportional zum Prozentsatz sozial privilegierter Schüler der fraglichen Einrichtung steigt, zumindest nicht auf der Ebene des Bildungssystems insgesamt. Würde man zunächst sicherstellen, dass die am wenigsten begünstigten Schüler von Lehrern unterrichtet werden, deren Erfahrung und Status zumindest dem entspricht, was den am stärksten begünstigten Schülern zugutekommt, so hätte man einen wirkungsvollen Hebel zur Verbesserung der Chancen von Kindern aus den Unterschichten – ganz unabhängig übrigens von der französischen oder ausländischen Herkunft der betreffenden Familien. Erst wenn wir diese Gleichheit erreicht hätten, wäre es an der Zeit, über die Einführung einer wirklich positiven Diskriminierung nachzudenken.

Bildungsgleichheit und territoriale Gleichstellung: Stets gepredigt und nie praktiziert

Nicht anders, ja wie eine Karikatur sieht das Bild aus, das die Hochschulbildung abgibt. Besonders scheinheilig ist das französische System, da ihm das Kunststück gelingt, unter dem Deckmantel «republikanischer» Gleichheit für Schüler, die zu selektiven Studiengängen (den *Grandes Écoles* und ihren Vorbereitungsklassen) zugelassen werden, zwischen drei- und viermal so viel auszugeben wie für Studierende, die allgemein zugängliche Universitätsstudiengänge absolvieren: Zwischen 12 000 und 15 000 Euro jährlich für Studierende der bestausgestatteten Studiengänge, gegenüber 4000 Euro jährlich für Studierende der am schlechtesten finanzierten Bachelorstudiengänge. Erstere stammen aber im Durchschnitt aus sozial sehr viel besser gestellten Familien als Letztere, insbesondere in den begehrtesten Hochschulen.[6] In aller Seelenruhe werden derart öffentliche Mittel dafür aufgewandt, die Ungleichheit der sozialen Herkunft zu verstärken.

Schaut man sich schließlich die Gesamtheit der Bildungsausgaben an, vom Kindergarten bis zur Hochschule, so stößt man innerhalb einer Altersgruppe auf erhebliche Ungleichheiten: Die 10% der Schüler, denen die geringsten Bildungsausgaben zugutekommen, erhalten pro Kopf etwa 65–70 000 Euro, während die 10%, denen die höchsten Bildungsausgaben zugutekommen, pro Kopf zwischen 200 000 und 300 000 Euro erhalten. Diese Konzentration der Bildungsmittel zugunsten einer Minderheit ist gewiss weniger extrem, als sie es im französischen Mutterland zu Beginn des 20. Jahrhunderts oder, schlimmer noch, in den bis in die 1950er und 1960er Jahre fortbestehenden Kolonialgesellschaften war. Aber sie bleibt gleichwohl erheblich und mit der zeitgenössischen Rede von Chancengleichheit kaum vereinbar.[7]

Auch hier müsste die angemessenste Politik zunächst einem Gleichheitsprinzip folgen. Mit einer Anhebung der Bildungsausgaben pro Kopf in den benachteiligten Universitätsstudiengängen auf das Niveau selektiver Studiengänge könnte man die Ausbildungschancen von Jugendlichen jeder Herkunft aus bescheidenen Verhältnissen deutlich verbessern. Eine solche Politik wäre umso gerechtfertigter, als die öffentlichen Ausgaben für Studierende pro Kopf in Frankreich zwischen 2008 und 2022 um 14% gefallen sind (-7% zwischen 2017 und 2022) – zu Lasten der sozial Schwächsten.[8] Bei erreichter Finanzierungsgleichheit zwischen Studiengängen könnte man dann über Mechanismen einer bevorzugten Aufnahme in besonders prestigeträchtige Studiengänge in Abhängigkeit von Elterneinkommen oder Herkunftsterritorium nachdenken, wie sie in bestimmten Bildungseinrichtungen oder von Aufnahmealgorithmen wie dem inzwischen durch Parcoursup ersetzten APB (Admission Post-bac) bereits angewandt werden – leider auf extrem undurchsichtige Weise. Auf keinen Fall aber kann man es bei symbolischen Maßnahmen einer vorgeblich «positiven Diskriminierung» belassen, die einer Handvoll von Jugendlichen aus bescheidenen Verhältnissen die Aufnahme in Elitestudiengänge ermöglicht, ohne der abgrundtiefen systemischen Ungleichheit der Mittelverteilung zwischen verschiedenen Studiengängen ein Ende zu setzen. Das hieße, ein Holzbein um eine Krücke ergänzen, und dasselbe gilt von den mageren Zulagen, die man Lehrern in «Prioritätszonen» gewährt.

Beispiele dieser Art ließen sich vervielfältigen. Betrachten wir den Fall der Finanzierung lokaler öffentlicher Dienste: außerschulische und kulturelle Aktivitäten, Infrastruktur, Stadtentwicklung, sozialer Wohnungsbau etc. In der Praxis haben wir zunächst einmal ein System, in dem unterschiedliche Kommunen über extrem ungleich verteilte Haushaltsmittel verfügen, mit einem Verhältnis des Steueraufkommens pro Kopf von eins zu fünf zwischen den ärmsten und reichsten Kommunen, ja von eins zu zehn, wenn man nicht Dezile, sondern die am weitesten auseinander liegenden Perzentile betrachtet. Dann betreibt man Flickschusterei, um dieses Haushaltsgefälle ein klein wenig abzumildern, nicht ohne sich lautstark zu diesem Anfall von Großzügigkeit seitens der Privilegiertesten zu beglückwünschen. Und am Ende gibt man sich erstaunt, dass es mit der sozialen und territorialen Ungleichheit kaum besser geworden ist. Auch hier dient die Rhetorik der «positiven Diskriminierung», von der diese Maßnahmen flankiert werden («städtische Problemzonen», «prioritäre Stadtviertel»), zumeist nur dazu, darüber hinwegzutäuschen, dass man sich vom Gleichheitsprinzip verabschiedet hat. Aber nichts verbietet es, auf ehrgeizigere Lösungen zu sinnen, um der systemischen territorialen Ungleichheit zu begegnen, ohne Dezentralisierung und kommunale Demokratie preiszugeben.[9]

Eine wirklich auf gleiche Rechte setzende Wirtschafts- und Sozialpolitik müsste sich nicht nur um die Frage der Finanzierung öffentlicher Dienste kümmern, sondern sich auf eine Reihe anderer Pfeiler wie das Arbeitsrecht und die Kontrolle seiner Umsetzung stützen. Eine Arbeitsaufsicht, die über angemessene Mittel verfügt, und nicht über die deutlich zu geringen, mit denen sie derzeit ausgestattet ist, könnte die Umsetzung von Gewerkschaftsrecht und Tarifvereinbarungen, die Arbeitsbedingungen, berufliche Diskriminierung aller Art, Schwarzarbeit, Lohntabellen, Machtmissbrauch gegenüber Arbeitern ohne Papiere und all den Beschäftigten in prekären Lohnverhältnissen etc. besser kontrollieren. Und sie wäre auch ein Universalwerkzeug, mit dem sich Ungleichheit zwischen sozialen Klassen ebenso wie herkunftsbezogene Ungleichheit abbauen ließe. Die Stärkung der Rechte von Arbeitnehmern und ihrer Kontrollbefugnisse, etwa in Gestalt einer maßgeblichen Zahl von Sitzen in Aufsichtsräten von Unternehmen, also der Ausbau von Systemen, wie Deutschland und Nordeuropa sie seit langem kennen, gehorcht derselben Logik. Das gilt auch für alle Maßnahmen, die zu einem Abbau von Einkommens- und Vermögensunterschieden und einer besseren gesellschaftlichen Verteilung von Wirtschaftsmacht führen, wie etwa die Ausweitung des Grundeinkommens, die Beschäftigungsgarantie oder die Umverteilung von Erbschaften.[10]

Rassismus objektivieren. Für einen Jahresbericht über Diskriminierung

Gleichheit des Zugangs zu Bildung, zu öffentlichen Dienstleistungen und zum Recht auf Arbeit ist unerlässlich. Aber damit ist es leider nicht getan. In einem Kontext, in dem Menschen bestimmter Herkunft besonders massiv diskriminiert werden, hat auch bei gleichem Abschluss und gleicher Berufserfahrung nicht jeder die gleichen Chancen auf einen Arbeitsvertrag oder eine Beförderung. Eine Reihe von Studien hat im Laufe des letzten Jahrzehnts gezeigt, welchen Umfang die Diskriminierungen in Frankreich angenommen haben. So haben Forscher in einer von der Université Paris 1 und der École d'économie in Auftrag gegebenen

Studie, die großes Aufsehen erregt hat, auf etwa 6230 Stellenangebote hin falsche Lebensläufe an Arbeitgeber geschickt, in denen sie den Namen und bestimmte Merkmale nach dem Zufallsprinzip variiert hatten, um sich dann die Antwortrate in Gestalt der Einladung zum Bewerbungsgespräch anzuschauen. Die Ergebnisse sind niederschmetternd. Sobald der Name arabisch-muslimisch klingt und vor allem dann, wenn der Bewerber männlichen Geschlechts ist, brechen die Antwortraten massiv ein. Für ihren eingesandten Lebenslauf wurden weniger als 5% der fraglichen Jugendlichen zum Bewerbungsgespräch eingeladen, gegenüber fast 20% bei den anderen.[11] Und schlimmer noch: Bei ein und demselben Stellentyp hat es praktisch keinen Einfluss auf die Antwortrate, mit der junge Männer arabischer Herkunft rechnen müssen, ob sie die besten Ausbildungsgänge durchlaufen, die bestmöglichen Praktika absolviert haben etc. Die Diskriminierung trifft also besonders hart gerade die, denen es gelungen ist, alle offiziellen Erfolgsbedingungen zu erfüllen, allen Codes zu entsprechen… mit Ausnahme derer, die sie nicht ändern können. Eine der Neuerungen der Studie liegt darin, dass sie auf Tausenden von Stellenangeboten beruht, auf repräsentativen Ausschreibungen kleiner und mittlerer Unternehmen (zum Beispiel von Buchhalterstellen), was zweifellos erklärt, weshalb die Befunde sehr viel negativer – und leider beweiskräftiger – sind als solche, die anhand einer kleinen Zahl großer Unternehmen gewonnen wurden, wie man sie in der Vergangenheit gerne untersucht hat. Die Studie belegt auch, dass durchaus die Feindschaft gegenüber der muslimischen Religion ausschlaggebend ist. So lässt beispielsweise die Angabe, bei den muslimischen Pfadfindern gewesen zu sein, die Antwortrate einbrechen, während sie bei Erwähnung der katholischen oder protestantischen Pfadfinder in die Höhe geht. Auffällig ist auch, dass bei ein und derselben libanesischen Herkunft der Vorname «Mohammed» disqualifizierend wirkt, während man mit «Michel» besser fährt. Träger jüdischer Namen werden gleichfalls diskriminiert, allerdings nicht annähernd so stark wie muslimische.

Eine andere, 2021 von Forschern des Institut des politiques publiques (IPP) und dem französischen Arbeitsministerium durchgeführte Studie kommt zu entsprechenden Ergebnissen. Die Forscher haben 9600 Bewerbungen auf 2400 für verschiedene Berufszweige ausgeschriebene Stellenangebote hin eingereicht und nach dem Zufallsprinzip Namen und Vornamen variiert, um Diskriminierungen in Abhängigkeit von der mutmaßlichen Herkunft bei der Einstellung zu messen. Der Befund lautet, dass Bewerber mit maghrebinisch klingenden Namen und Vornamen eine um 30%–40% geringere Chance als solche mit französischen Vornamen haben, von Personalverantwortlichen kontaktiert zu werden.[12] Anders als der Studie von 2014 geht es der von 2021 nicht unmittelbar darum, die mit der Religionszugehörigkeit einhergehende Diskriminierung zu messen. Dafür untersucht sie ein größeres und vielfältigeres Feld von Stellentypen und Qualifikationen. Das lässt etwa den Befund zu, dass die Diskriminierung auf allen Beschäftigungsebenen stark, aber in den am geringsten qualifizierten Berufen noch ausgeprägter ist.

Diese Arbeiten haben das unschätzbare Verdienst, auf einer kaum anfechtbaren methodischen Grundlage die Existenz massiv diskriminierenden Verhaltens zu belegen. Das Problem ist, dass die verschiedenen Studien nicht genau dieselben Testingverfahren verwenden (die getesteten Berufskategorien sind dieselben, die in die Lebensläufe eingebauten Variationen unterscheiden sich), so dass sie keine genauen Vergleiche zwischen den Zeiten zulassen. Im vorliegenden Fall weiß man etwa, dass Personen mit Namen nordafrikanischer Herkunft 2014 wie 2021 sehr stark diskriminiert werden, aber aufgrund der unterschiedlichen Methoden beider Studien ist nicht festzustellen, ob die

Diskriminierungsfälle zwischen diesen Daten zu- oder abgenommen haben. Wenn sich aber nicht sagen lässt, ob die Diskriminierung in Frankreich im Laufe des letzten Jahrzehnts zugenommen hat, wie soll man dann die ergriffenen Maßnahmen beurteilen oder neue Politiken auf den Weg bringen?

Eine nationale Beobachtungsstelle für Diskriminierungen einrichten

Das Problem ist, dass uns noch immer eine wirkliche, die Fakten objektivierende und vor allem in einem Jahresbericht sichernde Nationale Beobachtungsstelle für Diskriminierungen fehlt. Der DDD (Défenseur des Droits), eine Behörde zum Schutz der Bürgerrechte, die 2011 die Antidiskriminierungsstelle HALDE (Haute Autorité de lutte contre les discriminations et pour l'égalité) ersetzt hat, weist gewiss in seinen Berichten, die vor allem auf Forschungsarbeiten zurückgreifen, auf das Ausmaß der Diskriminierungen beim Zugang zu Arbeitsplätzen und Wohnraum hin.[13] Aber leider fehlt es dieser unabhängigen Behörde, die seit der Verfassungsänderung von 2008 ein von Artikel 71 anerkanntes Existenzrecht besitzt, an den materiellen und personellen Mitteln für eigene Untersuchungen und einen systematischen Jahresbericht über die fraglichen Sachverhalte.[14]

Die erste Aufgabe einer Nationalen Beobachtungsstelle für Diskriminierungen, die der Autorität des Défenseur des Droits unterstellt werden könnte, wäre, Jahr für Jahr auf systematische Weise zu analysieren, in welchem Maße die Rate der Einladung zu einem Bewerbungsgespräch je nach mutmaßlicher Herkunft der jeweiligen Personen variiert (insbesondere in Abhängigkeit von Name, Vorname und anderen Charakteristika des Lebenslaufs). Dies ist eine wichtige, klar umrissene Frage, die sich durch möglichst gleichartige Testingkampagnen zu verschiedenen Zeitpunkten mit ausreichend großen Stichproben zuverlässig beantworten ließe. Solche Erhebungen gäben auch darüber Auskunft, inwiefern die Diskriminierung sich innerhalb einer bestimmten Fraktion von Arbeitgebern konzentriert. Nicht alle Unternehmen und Personalverantwortlichen verhalten sich gleich, und es ist wichtig, dies zu erkennen und objektiv zu messen. Die Aufgabe ist lösbar, aber sicherzustellen, dass der im Jahresabstand gewonnene Indikator statistisch zuverlässig ist, erfordert bereits erheblichen Aufwand und ausreichende Mittel. Bevor sie sich komplexeren Aufgaben widmet, ist es entscheidend, dass die Beobachtungsstelle zunächst diese und ähnlich elementare Fragen beantworten kann.

Über diese grundlegende erste Aufgabe hinaus wird man andere jährliche Testkampagnen definieren müssen. Eine besonders brennende Frage betrifft polizeiliche Gesichtskontrollen, die sich oft nur schwer exakt messen lassen. 2012 entwickelte ein Forscherteam des CNRS (Centre nationale de recherches scientifiques), das sich auf Studien zum Strafrecht und den Strafverfolgungsbehörden spezialisiert hat, ein strenges Verfahren, mit dem etwa 35 000 Personen, die während eines Tages die Bahnhöfe Gare-du-Nord und Châtelet-Les-Halles betraten, in einem ethnisch-«rassischen» Raster erfasst und klassifiziert wurden. Dann wertete das Team die 520 Polizeikontrollen aus, die sie über sich ergehen lassen mussten. All diese Sichtungen wurden ohne Wissen der Beteiligten (Bahnhofsbesucher und Polizisten) und völlig anonym durchgeführt. Die Befunde belegen einen massiven Einsatz von Gesichtskontrollen, etwa die gegenüber Weißen für «Schwarze» und «Araber» fünf- bis zehnmal höhere Wahrscheinlichkeit, kontrolliert zu werden. Noch größer fallen die

Abstände aus, wenn man sich bestimmte polizeiliche Maßnahmen wie das Abtasten ansieht.[15] Leider wurde die Studie in dieser Form nicht wiederholt, so dass sich erneut nicht sagen lässt, ob diese Diskriminierungspraktiken seit 2012 zu- oder abgenommen haben.

Zu diesem wie zu anderen Problemen sollte die Nationale Beobachtungsstelle für Diskriminierung Verfahren entwickeln, mit denen sich regelmäßige und einheitlich vorgehende Testings durchführen lassen, um Jahr für Jahr verlässliche und transparente Indikatoren zu ermitteln. Ohne solche Indikatoren ist es weder möglich, eine Reform des polizeilichen Vorgehens auf den Weg zu bringen, noch zu beurteilen, ob sich die erhofften Veränderungen tatsächlich eingestellt haben. Auch mit anderen Themen könnte die Beobachtungsstelle sich befassen. 2021 hat die Organisation *SOS Racisme* ein Testing bei den zehn größten Zeitarbeitsfirmen durchgeführt und nachgewiesen, dass 45% der Agenturen bereit waren, offen diskriminierenden Anweisungen ihrer Auftraggeber zu entsprechen (also zum Beispiel «europäische Profile» zu bevorzugen und andere «Gemeinschaften» zu meiden – unter der Bedingung, dass die Instruktionen telefonisch und nicht schriftlich erteilt wurden). Auch diese Studie war in dieser Form nie zuvor durchgeführt worden, so dass erneut offenbleibt, ob es vor zehn Jahren besser oder schlimmer war. Ebenfalls 2021 hat das Kollektiv «Cinégalités» eine neuartige Studie über eine insbesondere die Herkunft, das Alter und das Geschlecht betreffende verzerrte Darstellung im französischen Kino vorgelegt.

Es ist nicht an mir, eine erschöpfende Liste der Testingkampagnen vorzulegen, mit denen eine Nationale Beobachtungsstelle für Diskriminierung betraut werden sollte. Eine solche Frage sollte in einer breit angelegten demokratischen Auseinandersetzung erörtert werden, insbesondere bei anstehenden Wahlen und im Parlament. Und sie verlangt auch danach, dass sich Verbände und Gewerkschaften ihrer entschlossen annehmen. Natürlich würde die Existenz einer Nationalen Beobachtungsstelle für Diskriminierungen die Fortsetzung spezialisierter Forschungsarbeiten so wenig ausschließen wie den Fortbestand lokaler Beobachtungsstellen wie dem 2021 durch den Verwaltungsrat des Départements Seine-Saint-Denis eingerichteten *Observatoire des discriminations*. Die Hauptfunktion der Nationalen Beobachtungsstelle läge gegenüber privaten oder lokalen Initiativen darin, Diskriminierungen auf Landesebene objektiv zu dokumentieren und offiziell darüber Auskunft zu geben, ob und in welchem Umfang sie zu- oder abgenommen haben.

Unter diesem Gesichtspunkt ist es entscheidend, dass die Beobachtungsstelle sämtliche Herkünfte sowie kulturelle und religiöse Eigenarten in den Blick nimmt, die der Diskriminierung ausgesetzt sein können: anti-arabischer oder anti-afrikanischer Rassismus, Islamophobie, Antisemitismus etc. Wie die Forschungsarbeiten gezeigt haben, lassen sich die eingesandten fingierten Lebensläufe nach dem Zufallsprinzip variieren, um den Einfluss dieser verschiedenen Merkmale auf die Rate der Einladung zu einem Bewerbungsgespräch zu vergleichen. Manche lehnen im Übrigen, um das am Rande anzumerken, den Begriff «Islamophobie» ab und ziehen es vor, von «antimuslimischem Rassismus» oder «Antimuslimismus» zu sprechen. Terminologische Debatten müssen geführt werden, aber nur unter der Bedingung, dass sie den Fortschritt in der Sache nicht behindern. Natürlich wäre es auch hilfreich, das Ausmaß des «antiweißen» Rassismus zu messen, den es grundsätzlich geben mag, obgleich er wahrscheinlich so marginal und auf bestimmte Stellentypen beschränkt ist, dass er sich statistisch nicht nachweisen lässt. Entscheidend aber ist, dass die Beobachtungsstelle verschiedene Formen von Diskriminierung, wie sie in der Gesellschaft zu beobachten sind, objektiviert, quantifiziert und vergleicht, um derart das offizielle und unwiderlegliche Barometer diskriminierender Praktiken zu werden.[16]

Diskriminierung verhindern, ohne die Identitäten erstarren zu lassen

Die Nationale Beobachtungsstelle sollte auch einen Jahresbericht über Diskriminierung innerhalb von Unternehmen (Löhne, Beförderungen, Ausbildung etc.) vorlegen. Dabei stoßen wir freilich an die Grenzen des Testing-Verfahrens. Man kann tausend Lebensläufe verschicken, um ihren Effekt auf die Einladung zum Bewerbungsgespräch zu messen, aber mit dieser Methode schwerlich bis zur tatsächlichen Einstellung oder Beförderung vordringen. Um zu prüfen, wer wirklich eingestellt wird, um Karrierewege, Lohnentwicklungen, Aufstiege oder Abstiege etc. zu analysieren, sind Testing-Methoden ungeeignet. Hier wird man auf reale Daten zurückgreifen müssen, und möglichst auf solche, die sich auf die Gesamtbevölkerung beziehen, wie Volkszählungsdaten und die umfangreichen Lohndaten, die Unternehmen übermitteln müssen, um ihren Steuer- und Sozialabgabenpflichten nachzukommen.

Um eine solche Aufgabe zu bewältigen, ist es entscheidend, in die jährlichen Volkszählungen (die in Frankreich jedes Jahr 14% der Bevölkerung erfassen, so dass die französische Gesamtbevölkerung im Durchschnitt etwa alle 7 Jahre befragt wird) eine Frage über das Geburtsland der Eltern aufzunehmen.[17] In den zahlreichen Untersuchungen, die das INSEE, das Nationale Amt für Statistik und Wirtschaftsstudien, durchführt, ist diese Information bereits verfügbar, etwa in der Erhebung zum Beschäftigungsgrad, die der offiziellen Ermittlung der Arbeitslosenquote dient, in den Erhebungen zu «Berufsausbildungen und Qualifikationen» («Formations et qualifications professionnelles», FQP) und der gemeinsam mit dem Nationalen Institut für demographische Studien (Institut national d'études démographiques, INED) durchgeführten Untersuchung «Lebenswege und Herkünfte» («Trajectoires et origines»). Das Problem ist erneut, dass diese Erhebungen nicht regelmäßig und umfangreich genug sind, um sie nach Region, Sektor und Unternehmensgröße aufzuschlüsseln, wie es anhand der Volkszählungen möglich wäre. Ohne solche Indikatoren ist es schwierig, Diskriminierung wirkungsvoll zu bekämpfen.

Das hier vorgeschlagene System ist, um das zu betonen, darauf angelegt, völlig anonym zu funktionieren, ohne dass die Arbeitnehmer über die Volkszählungsbögen hinaus irgendwelche Angaben machen müssten. Die aus den Erhebungsbögen hervorgehenden Informationen würden unter strikter Kontrolle des Défenseur des droits automatisch mit den Lohnabrechnungen der Unternehmen verknüpft[18], um nach Region, Sektor und Unternehmensgröße spezifizierte Diskriminierungsindikatoren zu gewinnen. Mit den geeigneten Indikatoren könnte man dann zum Beispiel feststellen, ob Menschen nordafrikanischer oder subsaharischer Herkunft (dem Geburtsland der Eltern nach) innerhalb einer bestimmten Kategorie von Arbeitsplätzen oder in dieser oder jener Region besonders schlecht bezahlt werden. Oder ob sie unter den Beschäftigten, die in Unternehmen bestimmter Sektoren oder Regionen befördert oder weitergebildet werden, massiv unterrepräsentiert sind. Diese Indikatoren würden von der Nationalen Beobachtungsstelle für Diskriminierung erstellt und veröffentlicht. Sie könnten in Kooperation mit Verbänden oder Gewerkschaften mobilisiert werden, um die gravierendsten Diskriminierungspraktiken zu ermitteln und gegebenenfalls die Durchführung lokaler Testings zu fördern. Und natürlich könnte dieses System auch der Strafverfolgung oder Sanktionierung für den Fall einer offenkundigen Unterrepräsentation bestimmter Herkünfte dienen.

Es sei noch einmal betont, dass die aus den Volkszählungsbögen und Lohnabrechnungen gewonnenen Informationen ausschließlich dazu genutzt würden, Indikatoren auf der Ebene von Regionen und Sektoren (oder von Unternehmen, die groß genug sind, um Anonymität zu gewährleisten) zu gewinnen, und keinerlei Aufschluss auf individueller Ebene gäben. Insbesondere hätten Arbeitgeber unter keinen Umständen Zugang zu Informationen aus Volkszählungsbögen ihrer Beschäftigten. In dieser Hinsicht lässt sich das System gegenüber dem, das 2010 im Rahmen des «rapport Héran» vorgeschlagen wurde, durch den Rückgriff auf Volkszählungen erheblich vereinfachen.[19]

Dieses System hat freilich seine Grenzen. So lassen sich unter Berücksichtigung des Geburtslandes der Eltern Diskriminierungen auf der Ebene der zweiten Generation (der in Frankreich geborenen Menschen mit im Ausland geborenen Eltern), nicht aber der dritten oder nachfolgender Generationen namhaft machen. Es hat jedoch auch einen unschätzbaren Vorteil: Es würde auf geographischer und sektoraler Ebene das Arsenal der Nationalen Beobachtungsstelle für Diskriminierung ergänzen, die so ihre Antidiskriminierungsmaßnahmen trennscharf auf bestimmte Gegenden und Sektoren ausrichten könnte, was durch Testings nicht möglich ist. Der entscheidende Punkt ist aber, dass all das relativ einfach durchzuführen ist, ohne den vorhandenen institutionellen Rahmen zu sprengen, aber auch ohne das Risiko einzugehen, die Identitäten zu verhärten und, wie in den Vereinigten Staaten und Großbritannien üblich, starre ethnisch-«rassische» Kategorien einzuführen, die zahlreiche Schwierigkeiten mit sich bringen, auf die wir noch zu sprechen kommen. Die Frage nach dem Geburtsland der Eltern in einem Volkszählungsbogen ist eine reine Sachfrage. Sie ist nicht übergriffiger als die Frage nach dem Bildungsabschluss oder dem ausgeübten Beruf, solange die individuellen Informationen in allen Fällen anonym bleiben und ausschließlich für statistische Zwecke genutzt werden. Im Übrigen taucht diese Frage nach dem Geburtsland der Eltern in zahlreichen Erhebungen bereits auf und geht mit keinerlei Aufforderung einher, sich zu irgendeiner Identität oder Gemeinschaft zu bekennen.

Sollte man es bei der Frage nach dem Geburtsland der Eltern belassen?

Sollte man es in den Volkszählungen bei der Frage zum Geburtsland der Eltern belassen oder sollte man erwägen, über sie hinauszugehen? Die Debatte darüber ist so legitim wie komplex. Sie verlangt zweifellos nach einer breit angelegten demokratischen Abwägung. Mir persönlich scheint es besser, sich darauf zu beschränken und zunächst genau zu analysieren, wie weit man im Antidiskriminierungskampf unter Berücksichtigung des Geburtslands der Eltern kommt. Es geht ohnehin, wie internationale Erfahrungen zeigen, weniger darum, die Statistiken zu vervielfältigen, als vielmehr darum, die verfügbaren Indikatoren im Dienste einer wirklichen Antidiskriminierungspolitik zu mobilisieren, die fest und entschlossen, transparent und überprüfbar sein muss. Und sie wird alle Akteure einbeziehen müssen (Gewerkschaften und Arbeitgeber, politische Bewegungen und Bürgerinitiativen), was bislang nie ausreichend geschehen ist, ganz gleich, welche nationalen Modelle man sich anschaut.

Man sollte auch betonen, dass eine umfassende, nach Regionen und Sektoren aufgeschlüsselte Analyse beruflicher Diskriminierungen grundsätzlich auch ein ausgezeichneter Indikator dafür wäre, welche Diskriminierungen die nachfolgenden Generationen erwarten. Wenn zum Beispiel in einer bestimmten Region oder einem bestimmten Sektor Menschen mit Wurzeln im subsaharischen Afrika in der dritten oder vierten Generation besonders diskriminiert werden, dann ist es wahrscheinlich, dass diese Diskriminierung auch gegenüber Einwanderern der zweiten Generation (ja schon der ersten) zu beobachten ist. Prinzipiell sollte also die Berücksichtigung des Geburtslandes der Eltern ausreichen, um solche Brennpunkte der Diskriminierung zu identifizieren und die erforderlichen Maßnahmen einzuleiten.[20] Auf dem derzeitigen Stand scheint es mir vordringlich, diese Information zu nutzen, um eine ambitionierte Antidiskriminierungspolitik auf den Weg zu bringen und geduldig zu analysieren, welche Fortschritte sich mit einem solchen System erzielen lassen.

Das heißt freilich nicht, dass man sich nicht eine Situation in einer mehr oder weniger fernen Zukunft vorstellen kann, in der sich die Information über das Geburtsland der Eltern als unzulänglich erweist, zum Beispiel weil die Zahl der Einwanderer der zweiten Generation einer bestimmten Herkunft relativ gering und wenig repräsentativ geworden ist im Vergleich zur Zahl der späteren Generationen. Sollte man über die Berücksichtigung des Geburtslandes der Eltern hinausgehen müssen, wäre die beste Lösung zweifellos eine allgemeine Frage folgenden Typs: «Haben Sie Ihrer Kenntnis nach Vorfahren in diesen verschiedenen Teilen der Welt?», gefolgt von einer Reihe von Ja/Nein-Wahlmöglichkeiten: Nordafrika, subsaharisches Afrika, Südasien, Naher Osten, Ostasien, Lateinamerika, Nordamerika, Südeuropa, Nordeuropa. Der Vorzug dieses Ansatzes liegt erneut darin, dass er sich auf Sachfragen beschränkt und davon absieht, nach der Zugehörigkeit zu Gruppen und Gemeinschaften zu fragen. Darüber hinaus hat diese Frage, die auf die Kenntnis der Betroffenen von ihrer familiären Herkunft zielt, den Vorteil, besonders offen für eine flexible Angabe vielfältiger und gemischter Herkünfte zu sein.

Das Problem der ethnisch-«rassischen» Bezugssysteme nach angelsächsischem Vorbild

Inwiefern ist das skizzierte System dem in manchen Ländern, insbesondere in den Vereinigten Staaten und Großbritannien genutzten ethnisch-«rassischen» Bezugssystem überlegen? Die Frage ist komplex und verlangt nach einer kontroversen und eingehenden Diskussion. Mir scheinen jedoch die ethnisch-«rassischen» Bezugssysteme, wie sie in den US-amerikanischen Volkszählungen verwendet werden, mit einer ganzen Reihe von Problemen verbunden. Sie sind insbesondere dazu angetan, die Identitäten in einer kleinen

Zahl starrer Kategorien einzumauern, um derart die Zugehörigkeit zu verhärten und damit die Diskriminierungen keineswegs zu reduzieren.

In den Vereinigten Staaten hat sich das in den Volkszählungen benutzte System ethnisch-«rassischer» Kategorien um die binäre Unterscheidung schwarz/weiß herum aufgebaut und wurde lange Zeit zur Unterstützung zunächst des Sklavenhaltersystems, dann des Systems der legalen *Race*-Diskriminierung im Süden des Landes aufgeboten (und, wohlgemerkt, keineswegs dazu, es zu bekämpfen). Gewiss wurden die Kategorien seit den 1960er Jahren und den Bürgerrechtsgesetzen dazu genutzt, Rassismus und Diskriminierungen zu messen und zuweilen auch zu bekämpfen, aber die von den Vereinigten Staaten im Dienste der Gleichheit von *races* erzielten Erfolge sind nicht wirklich dazu angetan, den Rest des Planeten vor Neid erblassen zu lassen. Im Laufe der Zeit sind in den Volkszählungen zu den Kästchen «White» und «Black/African American» weitere hinzugekommen, insbesondere die Kategorien «Hispanic/Latino», «American Indian», «Asian» und «Native Hawaïan and other Pacific Islander». Die Befragten haben auch die Möglichkeit, mehrere Kästchen anzukreuzen und derart Mehrfachidentitäten anzugeben. Diese Möglichkeit wird freilich nur sehr zaghaft genutzt: 2019 haben 2,8% der Bevölkerung mehrere Kästchen angekreuzt, 97,2% bloß ein einziges.[21]

Aus der Zurückweisung dieser Kategorien und der ritualisierten Kritik am US-amerikanischen Modell folgt allerdings noch keine klar umrissene Politik. Belässt man es dabei, das angelsächsische System anzuprangern, am eigenen System aber nichts zu ändern, wird man den Diskriminierungen nicht Einhalt gebieten können.[22] Darum ist es entscheidend, konstruktive Lösungen und alternative Modelle vorzuschlagen. In Europa ist Großbritannien das einzige Land, das zur Bekämpfung von Diskriminierungen ethnisch-«rassische» Kategorien des US-amerikanischen Typs eingeführt hat. Seit der Volkszählung von 1991 ist jeder Bürger aufgefordert, ein Kästchen anzukreuzen, um anzugeben, dass er sich als «weiß», «schwarz/karibisch», «indisch/pakistanisch» etc. versteht. Ebenso sieht es in zahlreichen Erhebungen oder in den bei Polizeikontrollen anfallenden Dokumenten aus. Sosehr dies die öffentliche Aufmerksamkeit für bestimmte Missbräuche und Fehlentwicklungen, insbesondere bei Gesichtskontrollen, geschärft hat, sowenig hat bis auf den heutigen Tag eine einzige Studie nachweisen können, dass sich dadurch der Umfang rassistischer Diskriminierungen in Großbritannien gegenüber anderen europäischen Ländern signifikant verringert hat. Die Nachbarländer haben freilich keinen Grund, zu frohlocken und die Hände in den Schoß zu legen. Die verfügbaren Studien lassen zwar keine exakten Ländervergleiche zu, aber es weist alles darauf hin, dass die Diskriminierungen im Hexagon mindestens ebenso massiv sind wie jenseits des Ärmelkanals.[23] Die ethnisch-«rassischen» Kategorien angelsächsischer Provenienz werfen zahlreiche Probleme auf und stellen gewiss keine Wunderlösung dar. Aber Nichtstun hilft auch nicht weiter.

Man kann auch zu bedenken geben, dass es ein einheitliches Modell nicht gibt und alles vom jeweiligen Migrations- und Postkolonialkontext abhängt. In Deutschland und in Frankreich kommen die außereuropäischen Populationen vornehmlich aus der Türkei und dem Maghreb. Tatsächlich sind aber die Unterschiede des physischen Erscheinungsbilds im Mittelmeerraum nicht besonders stark: Die Variationen sind graduell und bruchlos, zumal die unterschiedlichen geographischen Herkünfte sich ständig vermischen, sehr viel stärker als etwa in den Vereinigten Staaten. Der Anteil an Mischehen unter Menschen nordafrikanischer Herkunft in der vorhergehenden Generation liegt in Frankreich bei 30–35% und ist damit ebenso hoch wie bei Menschen portugiesischer

Herkunft.[24] Ein solcher Anteil von Mischehen bedeutet, dass Menschen gemischter Herkunft nach ein paar Generationen deutlich in der Überzahl sind. Bei einer Mischehenrate von 35% haben also drei Viertel der Personen mit einem Großelternteil nordafrikanischer Herkunft mindestens ein Großelternteil französischer oder europäischer Herkunft.[25] Es ist nicht sehr wahrscheinlich, dass diese Menschen sich in binären Rassenkonstruktionen des Typs «weiß/schwarz» wiedererkennen, selbst wenn man sie um eine Kategorie des Typs «arabisch/maghrebinisch» oder «arabisch/berberisch» ergänzt. Tatsächlich hat eine 2006 vom INED durchgeführte experimentelle Studie ergeben, dass gerade Menschen nordafrikanischer Herkunft nicht wohl dabei war, sich einer der ethnisch-«rassischen» Kategorien dieser Art zuzuordnen (fast ein Drittel der Betroffenen gab an, sich «unwohl» oder «sehr unwohl» damit zu fühlen[26]). In den britischen Volkszählungen entscheiden sich zwischen einem Viertel und der Hälfte der in der Türkei, in Ägypten oder im Maghreb geborenen Personen dafür, sich als «weiß» einzuordnen (und erkennen sich also in dieser Kategorie eher wieder als in «schwarz/karibisch» oder «indisch/pakistanisch»), andere als «asiatisch» und weitere als «arabisch» (eine 2011 eingeführte Kategorie, die freilich bei weitem nicht alle Zielpersonen anspricht). Unter diesen Bedingungen scheint es mir sehr viel ratsamer, sich auf sachliche Fragen zum Herkunftsland der Eltern und Vorfahren zu beschränken, statt Menschen wider Willen zum gefährlichen Exerzitium der Identitätszuschreibung zu nötigen.

In den Vereinigten Staaten sieht das historische Erbe natürlich ganz anders aus. In einem Land, in dem Ehen unter Angehörigen verschiedener «Rassen», so unglaublich es ist, tatsächlich bis 1967 gesetzlich verboten waren, lagen die Mischehenraten immer schon deutlich unter den europäischen. Heute sind unter den Menschen, die sich selbst als Schwarze bezeichnen, 15% der Ehen gemischt (1967 waren es noch 2%). Bei den Latinos und den Minderheiten asiatischer Herkunft erreicht der Anteil der Mischehen 25–30%, bei den Weißen beläuft er sich auf etwa 10%.[27] Es gibt jedenfalls einen starken Anstieg von Mischehen im Laufe der letzten Jahrzehnte. Es ist gut denkbar, dass eine Klassifikation, die auf dem Geburtsland der Vorfahren und nicht auf dem Gefühl der Identität und der ethnisch-«rassischen» Zugehörigkeit beruht, auch in den Vereinigten Staaten dazu beitragen könnte, Konflikte zu befrieden und die Vielfalt der Herkünfte deutlicher hervortreten zu lassen.

Für ein flexibles und dynamisches System der Diversitätsmessung

Beschränkt man sich nicht auf den Fall Europas und der Vereinigten Staaten, so lassen sich gleichfalls erhebliche Risiken ausmachen, die mit ethnisch-«rassischen» Kategorien einhergehen. Im kolonialistischen Kontext haben, wie eine ganze Reihe historischer Arbeiten zeigen konnten, die von den Kolonialherren auf der Grundlage ungefährer und karikaturhaft verzerrter Kenntnisse in ihren Volkszählungen und Verwaltungsrubriken eingeführten «ethnischen» Begriffe zur nachhaltigen Erstarrung von Identitäten und Antagonismen geführt, die zunächst so trennscharf gar nicht waren und ihre Geltung auf einem so großen Territorium erst einer Zentralverwaltung verdankten. Insbesondere für den Fall Ruandas, Katangas (Kongo), der Elfenbeinküste und Malis haben zahlreiche Forschungen deutlich gemacht, welche Schäden von dieser Zuweisung starrer Kategorien angerichtet wurden.[28]

Besonders interessant ist der Fall Indiens, weil es das Land ist, das nach der Unabhängigkeit die größten Fortschritte in der Einführung von Quoten gemacht hatte, um die Diskriminierungen der Vergangenheit zurechtzurücken. Die Quoten kamen insbesondere den «scheduled castes» (SC) und «scheduled tribes» (ST), also den einstigen Unberührbaren und Ureinwohnern zugute, die in der traditionellen hinduistischen Gesellschaft diskriminiert worden waren. Die verfügbaren Erkenntnisse führen zu einer gemischten Bilanz dieses Experiments.[29] Angesichts der extremen Vorurteile, unter denen die unteren Kasten Indiens infolge des alten inegalitären Systems wie seiner Verhärtung durch die britische Kolonialmacht im Rahmen der von 1871 bis 1931 durchgeführten Volkszählungen zu leiden hatten, ist es wahrscheinlich, dass ihre Angehörigen ohne die Einführung der Quoten nicht so rasch Zugang zu gewählten Ämtern, zur Hochschulbildung und zu Stellungen im öffentlichen Dienst hätten finden können. Die Ungleichheiten, die in Indien die niederen Kasten vom Rest der Bevölkerung trennen, bleiben sehr stark, aber sie haben doch seit 1950 deutlich abgenommen, stärker zum Beispiel als die *Race*-Ungleichheiten in den Vereinigten Staaten. Das Problem ist, dass die Quoten den indischen Eliten häufig als Ausrede gedient haben, mit der sie sich von ihrem schlechten Gewissen freikaufen konnten und vor allem nicht die Steuern zur Finanzierung der Investitionen in Bildung, Gesundheitswesen und Infrastruktur zahlen mussten, die es gebraucht hätte, um die sozialen Ungleichheiten in Indien wirklich abzubauen und den benachteiligten Klassen insgesamt (also nicht nur einer Minderheit innerhalb derselben) die Chance zu geben, ihren Rückstand aufzuholen.

Zudem haben die zur Einführung der Quoten verwendeten Kategorien in bestimmten Fällen dazu geführt, die Fronten zwischen den Gruppen zu verhärten und Konflikte zu verschärfen. Wenn die indische Regierung Anfang der 1990er Jahre begonnen hat, andere Kriterien wie das Elterneinkommen zu berücksichtigen, dann auch um diesem Risiko zu begegnen und etwa zu verhindern, dass Personen, die einer einst diskriminierten Gruppe angehören, unbegrenzt von Quoten profitieren, während ihre individuelle und familiäre Situation sich längst stark verbessert hat. De facto scheint sich das System insgesamt sehr allmählich in eines der positiven Diskriminierung zu verwandeln, das auf objektiven sozialen Kriterien wie Elterneinkommen, Abschluss oder Vermögen beruht, und nicht mehr auf der Zugehörigkeit zu einer historisch diskriminierten Kaste. Vielleicht ist dies das Beste, was man ihm wünschen kann. Idealiter sollte ein Quotensystem, um die Erstarrung der Kategorien und Verhärtung der Fronten zu vermeiden, in dem Maße, in dem es die Vorurteile gegenüber diskriminierten Gruppen abbauen kann, auch die Bedingungen seiner eigenen Transformation vorwegnehmen.

Zusammenfassend lässt sich sagen, dass die verfügbaren internationalen Erfahrungen zeigen, wie extrem vorsichtig man mit der Einführung ethnisch-«rassischer» oder sozial-«rassischer» Kategorien und Quotensysteme sein sollte. Wenn Vorurteile gegenüber einer bestimmten Gruppe zu tief verwurzelt und massiv sind, können Quoten unverzichtbar sein. Das rechtfertigt zum Beispiel die Einführung der Geschlechterparität bei Wahlen und im Berufsleben in Frankreich, einen Prozess, der zwischen 1999 und 2008 bedeutende Verfassungsänderungen notwendig gemacht hat, um die Vorbehalte des Verfassungsrats zu überwinden (der 1982 die Parität für verfassungswidrig erklärt und das damals verabschiedete Gesetz, das bescheiden genug war, gekippt hatte[30]). Sofern es um Diskriminierungen aufgrund einer bestimmten ausländischen oder ethnisch-«rassischen» Herkunft geht, scheint es mir besser, einen Ansatz zu wählen, der einerseits auf egalitären sozio-ökonomischen Politiken universalistischen Typs und einem allgemeinen Abbau von Ungleichheiten zwischen gesellschaftlichen Klassen beruht, und andererseits auf einer Antidiskriminierungspolitik, die sich auf Testingkampagnen und eine systematische Messung von Diskriminierungen aufgrund objektiver Informationen über das Geburtsland der Eltern stützt (und gegebenenfalls der Vorfahren, so sich dies als unverzichtbar erweist).

Auf jeden Fall ist es dringlich, dass es zu einer unaufgeregten Diskussion dieser Fragen in der französischen Gesellschaft kommt. Allzu häufig erschöpfen sich Debatten zu diesen Themen in wechselseitigen Beschimpfungen und extrem unversöhnlichen Haltungen, obwohl es sich doch um schwierige Problemzusammenhänge handelt, zu denen es grundsätzlich mehrere plausible und vertretbare Positionen gibt und die sich nicht ohne konstruktive Debatten mit guten Argumenten klären lassen. Was die Frage des ethnisch-«rassischen» Bezugssystems anbelangt, belässt man es häufig bei dem Hinweis, die Debatte sei durch eine negative Stellungnahme des *Conseil constitutionnel* aus dem Jahr 2007 beendet worden. In Wahrheit ist die Frage nicht so einfach. Zum einen, weil die Stellungnahme eine Reihe von Unklarheiten enthält und zahlreiche Ausnahmen vorsieht[31], und zum anderen, weil ein abschlägiger Bescheid des Verfassungsrats Frankreich auch nicht davon abgehalten hat, die Geschlechterparität einzuführen. Es geht also nicht so sehr darum, die Auffassung der Verfassungsrichter zu kennen, die vom sozialhistorischen Kontext ebenso abhängt wie von ihrem persönlichen Temperament, sondern vielmehr um die Frage, ob die Einführung eines ethnisch-«rassischen» Bezugssystems US-amerikanischen oder britischen Typs ein wirkungsvolles Mittel im Kampf gegen Diskriminierungen darstellt oder nicht. In dieser Frage habe ich die Auffassung vertreten, dass es das nicht tut und dass ein alternatives System der Messung von Diversität und Diskriminierungen geeigneter sei, weil es von Anfang an der Logik einer permanenten Durchmischung und Vielfalt von Lebenswegen und Kategorien gehorcht. Aber es gibt andere mögliche und vertretbare Positionen, ganz abgesehen davon, dass es innerhalb jeder dieser Positionen eine Vielzahl von Punkten gibt, die diskutiert und präzisiert werden wollen.

Um auf Fortschritte hoffen zu können, ist es auch entscheidend, dass jeder seine Positionen zur Antidiskriminierungspolitik erläutert, damit eine konkrete und konstruktive Debatte in Gang kommen kann. Häufig nehmen die Auseinandersetzungen über diese Themen unversöhnliche und heillos verfahrene Formen an, weil jede Seite der anderen karikaturhaft verzerrte Positionen zuschreibt, die sie nie vertreten hat, und es mitunter versäumt, die eigenen Optionen hinreichend zu erläutern. 2021 haben Stéphane Béaud und Gérard Noiriel ein Buch veröffentlicht, das anregende Analysen des Wandels und der Darstellung sozialer und ethnisch-«rassischer» Ungleichheiten in Frankreich bietet und zu Recht darauf beharrt, dass über der *Race*-Dimension die Aufmerksamkeit für die soziale Dimension nicht nachlassen darf. Dabei greifen sie mehrere Autoren an, denen sie vorwerfen, *Race*- und Diskriminierungsfragen über Gebühr in den Vordergrund zu stellen oder gar die Einführung eines ethnisch-«rassischen» Bezugssystems angelsächsischen Typs zu befürworten – was gar nicht der von den inkriminierten Forschern vertretenen Position entspricht.[32] Mir scheint, dass die konkreten Divergenzen zwischen den Kontrahenten in Wahrheit so unüberwindlich nicht sind und auf jeden Fall präzisiert und geprüft werden sollten, um überwunden werden zu können.

Wie lassen sich neue Formen religiöser Neutralität erfinden?

Lassen wir nicht unerwähnt, dass der Kampf gegen ethnisch-«rassische» Diskriminierungen zumal neue Formen der religiösen Neutralität erfordert. Auch in dieser Sache kann kein Land behaupten, ein befriedigendes Gleichgewicht erreicht zu haben. Das laizistische Modell französischer Spielart stellt sich gern als vollkommen neutral dar, aber die Wirklichkeit sieht so einfach nicht aus. In Frankreich werden offiziell nur vor 1905 gebaute Kultstätten subventioniert, was praktisch fast ausschließlich Kirchen meint und darauf hinausläuft, muslimische Gläubige gegenüber christlichen Gläubigen zu benachteiligen. Die im Zuge der Verabschiedung des Gesetzes Debré (1959) eingerichteten katholischen Grundschulen, Collèges und Lycées werden in einem Umfang, den man in keinem anderen Land findet, weiterhin massiv vom Steuerzahler finanziert. Diese Einrichtungen haben sich auch das Recht bewahrt, ihre Schüler selbst auszuwählen, ohne sich an irgendeine Regel zur sozialen Durchmischung zu halten, so dass sie massiv zur schulischen Ghettoisierung beitragen.[33]

Bei der Finanzierung von Religionen spielen Steuersubventionen, um das hinzuzufügen, eine zentrale und doch oft verkannte Rolle. In Frankreich gibt es wie in sehr vielen Ländern für Spenden an Religionsgemeinschaften Steuererleichterungen, die tatsächlich eine extrem inegalitäre Weise öffentlicher Finanzierung darstellen, da die öffentliche Subvention umso höher ausfällt, je reicher der Gläubige ist (was in der Praxis wiederum bestimmte Religionen gegenüber anderen begünstigt). Eine der Kirche von Frankreich oder der Großen Moschee von Paris zugutekommende Spende von 100 Euro kostet, um das zu konkretisieren, den Steuerpflichtigen in Frankreich nur 34 Euro. Die restlichen 66 Euro zahlt die nationale Gemeinschaft. Diese Subvention greift bei allen Spenden an gemeinnützige Vereine, und insbesondere an Religions- und Kulturvereine, vorausgesetzt allerdings, dass der Steuerzahler einkommensteuerpflichtig ist (was praktisch die ärmere Hälfte der Bevölkerung ausschließt), wobei die Obergrenze bei 20% des Einkommens liegt (was bei hinreichend wohlhabenden Personen beträchtlich ist). Wenn also ein Gläubiger, der zu wenig verdient, um einkommensteuerpflichtig zu sein, seiner Religionsgemeinschaft 100 Euro spendet, dann kostet ihn das 100 Euro. Spendet dagegen ein ausreichend wohlhabender Gläubiger 10 000 Euro, so wird ihn das nur 3400 Euro kosten und der Rest der Summe de facto von allen anderen Steuerzahlern beglichen werden. Eine Religion, deren Anhänger sämtlich Geringverdiener wären, bliebe daher ohne jede öffentliche Subvention, während eine Religion mit wohlhabenden Anhängern nicht nur zu zwei Dritteln von der nationalen Gemeinschaft, sondern insbesondere von den geringverdienenden Anhängern der erstgenannten Religion subventioniert würde.[34] In Sachen religiöse Neutralität gibt es also noch manches zu tun.

Ähnliche Ungerechtigkeiten lassen sich in den Systemen der meisten Länder finden, namentlich in Italien, wo jeder Steuerpflichtige einen Teil seiner Steuern einer Religionsgemeinschaft seiner Wahl zusprechen kann, oder in Deutschland, wo der Mechanismus die

Gestalt einer für Religionsgemeinschaften erhobenen Zusatzsteuer hat. In beiden Fällen gibt es eine Schieflage zugunsten der Religionen, die über eine einheitliche nationale Organisation verfügen (was die muslimische Religion praktisch ausschließt[35]). Verglichen damit ist das französische Modell, das Religionsgemeinschaften nicht anders als andere Vereine und Vereinigungen behandelt, potentiell zufriedenstellender. Es läuft letztlich darauf hinaus, die Religion als einen Glauben oder ein Anliegen unter anderen zu betrachten, und fördert die Erneuerung und Diversität der Strukturen.

Dazu muss allerdings das System egalitärer werden, indem zum Beispiel die Gesamtheit öffentlicher Subventionen in einen «Gutschein für das Vereinsleben» umgewandelt wird, den jeder in gleicher Höhe einem (religiösen, kulturellen, humanitären ...) Verein seiner Wahl zukommen lassen kann, wie immer dessen Werte und Überzeugungen aussehen mögen.[36] Die öffentlichen Subventionen, die sich aus den Einkommensteuersenkungen für Spenden ergeben, belaufen sich, um das zu konkretisieren, auf eine jährliche Gesamtsumme von 1,5 Milliarden (von denen auf Religionsgemeinschaften 220 Millionen Euro entfallen, die im Wesentlichen der katholischen Kirche zugutekommen, die mehr reiche Spender hat[37]). Würde man diese

Steuersenkung abschaffen, so könnte man einen «Gutschein für das Vereinsleben» von 30 Euro für jeden der 50 Millionen in Frankreich ansässigen Erwachsenen finanzieren, der ihn einem Zweck seiner Wahl zukommen lassen könnte.[38] Und bezöge man, noch besser, die Beträge aus Steuererleichterungen für Spenden im Rahmen der Immobilienvermögensteuer und der Körperschaftsteuer ein, so käme man auf 50 Euro pro Erwachsenem. Ein solches System würde nicht allein einen Fortschritt in Richtung tatsächlicher Gleichheit zeitigen, sondern auch dazu beitragen, das derzeitige Klima des Verdachts und der Stigmatisierung zu überwinden.

Auch dies ist eine komplexe Frage, und es sind durchaus andere Lösungen als die hier beschriebenen denkbar. Aber wenn man Licht in die Weisen der Finanzierung der muslimischen Religion bringen und der Undurchsichtigkeit bestimmter ausländischer Subventionen ein Ende setzen will, wie es an sich völlig gerechtfertigt ist, wird man nicht umhinkönnen, das Entstehen alternativer, gerechter, angemessener und transparenter Finanzierungsweisen zu fördern. Andernfalls könnte der Eindruck entstehen, man wolle die muslimische Religion zum Verschwinden bringen. Und das entspricht kaum einer Politik der religiösen Neutralität.

Denkanstöße: Auswege aus der identitären Sackgasse

Kommen wir zum Schluss. Dies kleine Buch will nur auf Eines hinaus: Auf die Möglichkeit einer konkreten Debatte darüber, wie sich Diskriminierungen am besten bekämpfen lassen und ein Zusammenleben aller denkbar ist. Natürlich werden manche sich dieser Debatte verweigern, um uns lieber weiterhin zu erzählen, dass die Namen und Vornamen, das physische Erscheinungsbild, die Kleidung von Millionen Menschen geändert, ja letztlich alle unerwünschten Gruppen aus der nationalen Gemeinschaft verstoßen werden müssen. Aber sieht man von ein paar Hassverbreitern ab, die keine Lösung kennen, die nicht auf Gewalt beruht, scheint mir in vielen Punkten ein breiter Konsensus denkbar. Um wirkliche Gleichheit der Zugangs zu Bildung und öffentlichen Diensten zu schaffen, wird man große Koalitionen schmieden müssen, auch wenn es natürlich in diesen wie anderen Fragen nicht bloß unterschiedliche Vorstellungen davon, was gerecht ist und was nicht, sondern auch einander entgegengesetzte soziale Interessen gibt. Gäbe es eine Nationale Beobachtungsstelle für Diskriminierungen mit ausreichenden Mitteln, um Testings in großem Stil zu organisieren und uns zuverlässige jährliche Indikatoren an die Hand zu geben, an denen sich, wie bislang leider nicht möglich, die Entwicklung von Diskriminierungspraktiken ablesen ließe, so könnte dies prinzipiell zahlreiche Bürger aus ganz unterschiedlichen Horizonten zusammenbringen. Die Frage des Inhalts der Testingkampagnen und der bevorzugten jährlichen Indikatoren, die Frage nach dem Rekurs auf das Herkunftsland der Eltern zur Messung von Diskriminierungen oder auch die Frage nach einer Finanzierung der muslimischen Religionsgemeinschaft, die ausländisches Geld ersetzen könnte, erfordern zweifellos ausgedehnte Debatten. Ich möchte die Diskussion dieser verschiedenen Fragen hier keinesfalls zu irgendeinem Abschluss bringen, sondern sie im Gegenteil in ihrer ganzen Komplexität eröffnen und ausdrücklich darauf beharren, dass es bei jedem Schritt mehrere Positionen gibt, die einander entgegensetzt und doch bedenkenswert sein können. Es kommt darauf an, Streitpunkte in aller Klarheit auszusprechen und die Debatte auf der Ebene konkreter Vorschläge zu führen, wenn es gelingen soll, bloß theoretische und festgefahrene Konflikte beizulegen.

Das mag im derzeitigen Kontext naiv anmuten, aber ich bin davon überzeugt, dass es möglich und notwendiger denn je ist, diese Fragen unaufgeregt zu erörtern, um zu innovativen und konstruktiven Lösungen zu kommen. Und das Beste ist: Zahlreiche Umfragen belegen, dass die jüngeren Generationen sehr viel empfindlicher als die älteren auf Diskriminierungen und namentlich antimuslimische Diskriminierungen reagieren.[39] Das verheißt zweifellos positive Entwicklungen in den kommenden Jahren und Jahrzehnten. So einflussreich sie im gegenwärtigen Klima der rechtslastigen Hysterie und Identitätsbesessenheit scheinen mögen, irgendwann werden die Erbitterten ihren Platz räumen müssen. Machen wir uns daran, der darauf folgenden Welt den Weg zu ebnen!

Anmerkungen

1 Zum Anteil der Bevölkerung, der angibt, muslimisch zu sein, siehe C. Beauchemin, C. Hamel, P. Simon, «Histoires migratoires et profils socioéconomiques», in: *Trajectoires et origines. Enquête sur la diversité de la population française*, Institut national d'études démographiques (INED) 2015, S. 562; H. El Kharoui, *L'islam, une réligion française*, Paris: Gallimard 2018, S. 20–26.

2 Siehe dazu das fesselnde Buch von J.-F. Schaub und S. Sebastiani, *Race et histoire dans les sociétés occidentales (xve–xviiie siècles)*, Paris: Albin Michel 2021.

3 Siehe A. Benhenda, «Teaching Staff Characteristics and Spendings per Student in French Disadvantaged Schools», Paris School of Economics 2019.

4 Siehe *Effective Teacher Policies. Insights from Pisa*, OECD 2018.

5 Das niedrigere Grundgehalt der Lehrer in benachteiligten Gebieten wird mitunter durch geringere Klassenstärken ausgeglichen. Inwiefern das ein Ausgleich sein soll, ist nicht recht zu sehen.

6 Nach den letzten verfügbaren Daten machen die sozial benachteiligten Schüler (36% einer Altersklasse) 20% der Studierenden in den Bachelorstudiengängen aus, aber nur 8% an Sciences Po Paris, 7% an der École normale supérieure, 3% an der École des hautes études commerciales und 0% an der École polytechnique. Sozial sehr privilegierte Studierende dagegen (23% einer Altersklasse) machen 47% in den Bachelorstudiengängen, aber 73% an Science Po Paris, 75% an der École normale supérieure, 89% an der École des hautes études commerciales und 98% an der École polytechnique aus. Siehe dazu C. Bonneau, P. Charousset, J. Grenet, G. Thebault, *Quelle démocratisation des grandes écoles depuis le milieu des années 2000?*, IPP 2021. Die Studie stellt im Übrigen fest, dass allen Ankündigungen zum Trotz seit den 2000er Jahren kein messbarer Fortschritt im Hinblick auf die soziale Durchmischung erzielt worden ist. Zu den Kosten der unterschiedlichen Studiengänge siehe G. Fack, E. Huilery, *Enseignement supérieur: pour un investissement plus juste et plus efficace*, CAE 2021.

7 Siehe T. Piketty, *Une brève histoire de l'égalité*, Paris: Seuil 2021, Grafik 14 (S. 137) und Grafik 32 (S. 259) (http://piketty.pse.ens.fr/files/egalite/pdf/G14.pdf und http://piketty.pse.ens.fr/files/egalite/pdf/G32.pdf).

8 Siehe http://piketty.pse.ens.fr/files/BudgetEnsSuperieur20002022.xlsx.

9 So könnte jede Kommune in bestimmten Grenzen weiter-

hin den Steuersatz für kommunale Steuerpflichtige festsetzen, das aber mit einem nationalen Ausgleichmechanismus, der sicherstellt, dass die Steuereinnahmen der Kommune dem Produkt aus diesem Steuersatz und der Bemessungsgrundlage pro Kopf auf nationaler Ebene (und nicht der lokalen Bemessungsgrundlage) entsprächen.

10 Siehe T. Piketty, *Une brève histoire de l'égalité*, Paris: Seuil 2021.

11 Siehe M. A. Valfort, *Discriminations religieuses à l'embauche: une réalité*, Paris: Institut Montaigne 2015.

12 Siehe *Discrimination à l'embauche des personnes d'origine supposée maghrébine: quels enseignements d'une grande étude par testing?*, Notes IPP, 2021.

13 Siehe zum Beispiel *Discrimination et origines: l'urgence d'agir*, Défenseur des droits, Bericht 2020.

14 Dasselbe gilt von der entsprechenden Behörde auf europäischer Ebene (Agency for Fundamental Rights, FRA), die sehr hilfreiche zusammenfassende Berichte erstellt, aber absolut nicht über die Mittel verfügt, um einen jährlichen Bericht über Diskriminierung in den Mitgliedsstaaten vorzulegen.

15 Siehe F. Jobard, R. Lévy, J. Lamberth, S. Névanen, «Mesurer les discriminations selon l'apparence: une analyse des contrôles d'identité à Paris», in: Population 2012, Nr. 3 (Bd. 67), S. 423–451.

16 Hier ist anzumerken, dass der im Juli 2021 von der La-République-en-Marche-Fraktion eingebrachte Gesetzesvorschlag «zur Förderung der Chancengleichheit durch Bekämpfung von Diskriminierungen», der derzeit geprüft wird, die Schaffung einer «Beobachtungsstelle für Diskri-

minierungen» vorsieht (Artikel 9), aber ohne die spezifischen Mittel oder Aufgaben, die wir hier analysiert haben. Die Initiative nimmt sich in ihrer jetzigen Gestalt weitgehend kosmetisch aus und sollte gegenüber den gegenwärtig vom Défenseur des Droits vorgelegten Berichten keine wesentliche Verbesserung bringen.

17 Im Rahmen des seit 2001 in Frankreich praktizierten Volkszählungssystems werden jedes Jahr 8% der Bevölkerung jeder Gemeinde mit über 10 000 Einwohnern erfasst. 20% der Gemeinden mit weniger als 10 000 Einwohnern werden jedes Jahr vollständig erfasst, so dass jedes Jahr insgesamt 14% der Bevölkerung gezählt werden. Vor 2001 wurden im Durchschnitt alle 7 bis 8 Jahre (1999, 1990, 1982, 1975, 1968, 1962 etc.) vollständige Zählungen durchgeführt. Die kontinuierliche Zählung hat den Vorteil, jährliche Informationen zu liefern. Der derzeit verwendete Volkszählungsbogen (https://www.le-recensement-et-moi.fr/rpetmoi/pdf/Bulletin-individuel.pdf) enthält Fragen zur Beschäftigung, zum Bildungsabschluss, zum Geburtsort der befragten Person, aber nicht zum Geburtsort ihrer Eltern.

18 Es handelt sich um die «namentliche Sozialversicherungsmeldung» («déclaration sociale nominative», DSN), früher «jährliche Sozialversicherungsmeldung» («déclaration annuelle de données sociales», DADS). Die Informationen über Stellen und Löhne werden im Rahmen der DSN inzwischen monatlich von den Unternehmen an die Steuer- und Sozialbehörden übermittelt, während die DADS früher jährlich und später vierteljährlich abgegeben wurden. Für die hier geplante Verwendung ist der Jahresrhythmus völlig ausreichend.

19 In dem 2010 vorgeschlagenen und nie umgesetzten System wurde die Angabe des Geburtsorts der Eltern von den Beschäftigten jährlich gemacht, bevor sie in anonymer Form mit den Lohnabrechnungen der Unternehmen abgeglichen wurden. Siehe *Inégalités et discrimination. Pour un usage critique et responsable de l'outil statistique. Rapport du Comité pour la mesure de la diversité et l'évaluation des discriminations (COMEDD)*, unter Vorsitz von F. Héran, 2010.

20 Aus den gleichen Gründen scheint es überflüssig, über den Geburtsort der Eltern hinaus ihre Staatszugehörigkeit zu berücksichtigen. Natürlich hätte man damit eine genauere Kenntnis der fraglichen Lebensläufe, indem man unter den im Ausland geborenen Eltern die mit französischer und ausländischer Staatsbürgerschaft unterscheiden könnte. Aber damit würde man auch die Dinge zusätzlich komplizieren, zumal die in den Volkszählungen befragten Personen die Staatsangehörigkeit ihrer Eltern (die sich im Lauf der Zeit ändern kann) weniger gut kennen als ihr Geburtsland, ohne dass sich durch diese Zusatzinformation die entscheidenden beruflichen Diskriminierungen wesentlich besser erkennen ließen.

21 Siehe https://www.census.gov/quickfacts/fact/table/US/PST045219.

22 Siehe Z. Rocha, P. Aspinali, *The Palgrave International Handbook of Mixed Racial and Ethnic Classification*, Basingstoke: Palgrave 2020.

23 Siehe A. Heath und V. Di Stasio, «Racial Discrimination in Britain, 1969–2017: a Meta-Analysis of Field Experiments on Racial Discrimination in the British Labour Market», in: *British Journal of Sociology* 2019.

24 Zum Vergleich: Bei Personen mit spanischer oder italienischer Herkunft liegt diese Rate bei 60%. Siehe C. Beauchemin, B. Lhommeau, P. Simon, «Histoires migratoires et profils socio-économiques», in: *Trajectoires et origines. Enquête sur la diversité de la population*, a. a. O.

25 Bei einer Endogamierate von 65% haben nur 27% der Personen mit einem Großelternteil einer bestimmten Herkunft vier Großeltern derselben Herkunft (0,65x0,65x 0,65=0,27).

26 Siehe P. Simon, M. Clément, *Rapport de l'enquête «Mésure de la diversité»,* INED 2006. Das Unbehagen angesichts ethnisch-«rassischer» Fragebögen ist bei Personen nordafrikanischer Herkunft viel stärker ausgeprägt als bei Personen subsaharischer oder westindischer Herkunft. Siehe zu diesem Thema Pap Ndiaye, *La Condition noire. Essai sur une minorité française*, Paris: Calmann-Levy 2008.

27 Siehe G. Livingston, A. Brown, «Intermarriage in the U. S. 50 Years after Loving v. Virginia», Pew Research Center 2017.

28 Siehe J.-L. Amselle, E. M'Bokolo, *Au cœur de l'ethnie. Ethnies, tribalisme et État en Afrique*, Paris: La découverte 1999.

29 Siehe T. Piketty, *Une brève histoire de l'égalité,* a. a.O, 2021, S. 272–283.

30 Das von der sozialistischen Mehrheit 1982 verabschiedete Gesetz war bescheiden, weil es lediglich vorsah, dass kein Geschlecht mehr als 75% der Listenplätze besetzen darf, insbesondere bei Kommunal- und Regionalwahlen. Schon das hätte für die Frauen, die damals weniger als 10% der Volksvertreter stellten, einen spürbaren Fortschritt bedeu-

tet, aber das Gesetz wurde durch den Verfassungsrat wegen Verstoßes gegen den Gleichheitsgrundsatz gekippt. Die erste große Erfahrung mit positiver Diskriminierung in Frankreich war übrigens das Gesetz vom 26. April 1924, das alle Unternehmen mit mehr als zehn Beschäftigten verpflichtete, zumindest 10% Kriegsversehrte einzustellen, bei Strafe der Zahlung eines Tageslohns pro Tag und fehlendem Versehrten. Aus diesem Gesetz ist später die heute noch geltende Regelung für behinderte Arbeitnehmer hervorgegangen (allerdings mit weniger abschreckenden Sanktionen und niedrigeren Zielvorgaben).

31 Siehe dazu *Rapport du Comité pour la mesure de la diversité et l'évaluation des discriminations (COMEDD)*, unter Vorsitz von F. Héran, 2010.

32 Siehe dazu S. Beaud, G. Noiriel, *Race et sciences sociales. Essai sur les usages publics d'une catégorie*, Marseille: Agone 2021. Forscher wie François Héran, Pap Ndiaye oder Patrick Simon, die im Buch erwähnt werden, befürworten keineswegs explizit die Einführung eines ethnisch-«rassischen» Bezugssystems, und manche ihrer Arbeiten enthalten sogar zahlreiche Elemente, die in die umgekehrte Richtung weisen.

33 Siehe J. Grenet, «Renforcer la mixité sociale dans les collèges parisiens», Paris School of Economics (PSE) 2016. Frankreich ist auch das einzige Land, das sich entschlossen hat, pro Woche einen Tag zu schließen (von 1882 bis 1972 der Donnerstag, danach der Mittwoch), der dem Katechismus vorbehalten bleibt. Dieser Tag war im Begriff, wieder in die normale Schulzeit integriert zu werden, aber 2017 wurde beschlossen, diese französische Ausnahme, die zu

zerstückelten Wochen und überlangen Schultagen führt, beizubehalten, obwohl sie sowohl erwiesenermaßen negative Auswirkungen auf die schulischen Lernerfolge hat, als auch die Geschlechterungleichheit stärkt. Siehe C. Van Effenterre, *Essais sur les normes et les inégalités de genre,* École des hautes études en sciences sociales (EHESS) 2017.

34 Insbesondere durch Mehrwertsteuer, indirekte Steuern und verschiedene Steuer- und Sozialabgaben, die bekanntlich ein deutlich höheres Steueraufkommen als die Einkommensteuer generieren.

35 Siehe F. Messner, *Public Funding of Religions in Europe*, Farnham: Ashgate 2015.

36 Siehe J. Cagé, *Libres et égaux en voix*, Paris: Fayard 2021.

37 Siehe zur Verteilung der Spenden und zum Anteil der Religionsgemeinschaften am Gesamtaufkommen der Spenden und Steuersubventionen (den man in Frankreich auf etwa 15% schätzen kann, also auf ungefähr 220 Millionen, von denen ungefähr 180 Millionen an die Katholische Kirche gehen) das *Panorama national des générosités*, Observatoire de philanthropie 2018, S. 35–45.

38 Bei Personen, die beschließen, ihren «Gutschein für das Vereinsleben» nicht zu nutzen, würden die entsprechenden Summen proportional zu der vom Rest der Bevölkerung getroffenen Wahl vergeben, so dass die vorgesehenen Beträge auch wirklich philanthropischen Zwecken zugutekämen.

39 Siehe die *Enquête auprès des lycéens sur la laïcité et la place des religions à l'école et dans la société*, Licra 2021.

Thomas Piketty bei C.H.Beck

«Thomas Piketty ist dabei, der Karl Marx des 21. Jahrhunderts zu werden.»
Frankfurter Allgemeine Zeitung

Das Kapital im 21. Jahrhundert

Aus dem Französischen von Ilse Utz, und Stefan Lorenzer
4. Auflage. 2020. 816 Seiten mit 97 Grafiken und 18 Tabellen. Broschiert
Beck Paperback Band 6236

Kapital und Ideologie

Aus dem Französischen von André Hansen, Enrico Heinemann, Stefan Lorenzer, Ursel Schäfer und Nastasja S. Dresler
2020. 1312 Seiten mit 158 Grafiken und 11 Tabellen. Gebunden

Ökonomie der Ungleichheit

Eine Einführung

Aus dem Französischen von Stefan Lorenzer
4. Auflage. 2021. 144 Seiten mit 9 Tabellen und 2 Grafiken. Broschiert
C.H.Beck Wissen in der Beck'schen Reihe Band 2864

Thomas Piketty bei C.H.Beck

Der Sozialismus der Zukunft

Interventionen

Aus dem Französischen von André Hansen

3. Auflage. 2022. 232 Seiten mit 36 Grafiken
und 8 Tabellen. Klappenbroschur
Beck Paperback Band 6042

Die Schlacht um den Euro

Interventionen

Aus dem Französischen von Stefan Lorenzer

2015. 175 Seiten. Klappenbroschur
Beck Paperback Band 6188

Die weltweite Ungleichheit

Der World Inequality Report 2018

Herausgegeben von Facundo Alvaredo, Lucas Chancel,
Thomas Piketty, Emmanuel Saez, und Gabriel Zucman

Aus dem Englischen von Hans Freundl
und Stephan Gebauer

2018. 457 Seiten mit zahlreichen Tabellen und Grafiken.
Klappenbroschur
Beck Paperback Band 6316